DEL **RENACUAJO**
A LA **RANA**

por Shannon Zemlicka

ediciones Lerner / Minneapolis

Traducción al español: copyright © 2007 por
ediciones Lerner
Título original: *From Tadpole to Frog*
Texto: copyright © 2003 por Lerner Publications
Company

La edición en español fue realizada por un equipo de
traductores nativos de español de translations.com,
empresa mundial dedicada a la traducción.

ediciones Lerner
Una división de Lerner Publishing Group
241 First Avenue North
Minneapolis, MN 55401 EUA

Dirección de Internet: www.lernerbooks.com

Library of Congress Cataloging-in-Publication Data

Knudsen, Shannon, 1971–
    [From tadpole to frog. Spanish]
    Del renacuajo a la rana / por Shànnon Zemlicka.
        p. cm. — (De principio a fin)
    ISBN-13: 978–0–8225–6497–3 (lib. bdg. : alk. paper)
    ISBN-10: 0–8225–6497–1 (lib. bdg. : alk. paper)
    1. Frogs—Life cycles—Juvenile literature. I. Title.
    II. Series.
    QL668.E2Z4618 2007
    597.8'139—dc22   2006007976

Fabricado en los Estados Unidos de América
1 2 3 4 5 6 – DP – 12 11 10 09 08 07

Las fotografías que aparecen en este libro son
cortesía de: © Gary Meszaros/Visuals Unlimited,
portada; © Dan Suzio/Photo Researchers, págs. 1
(superior), 7, 9, 13; © L. West/Photo Researchers,
págs. 1 (inferior), 23; © Michael Lustbader/Photo
Researchers, pág. 3; © Jim Merli/Visuals
Unlimited, pág. 5; © John Mitchell/Photo
Researchers, págs. 11, 15, 17, 19, 21.

Contenido

¡Croac-croac! Ésta es una rana.

¿Cómo crece una rana?

Un diminuto animal crece.

La madre pone muchos huevos. Algunas ranas ponen los huevos en la tierra, pero la mayoría los pone en el agua. Una espesa baba cubre los huevos para protegerlos. Dentro de cada huevo crece un diminuto animal.

El **renacuajo** sale del huevo.

El diminuto animal crece durante un mes, aproximadamente. Después sale del huevo. Ahora, el animal es un renacuajo. Parece un pececito negro. Para respirar usa una parte del cuerpo llamada **branquias**.

Crece la cola.

El joven renacuajo es pequeño y
débil. Todavía no puede nadar.
Con la boca, se aferra a una
planta o piedra. Le comienza a
crecer la cola.

9

El renacuajo comienza a nadar.

El renacuajo mueve la cola para nadar. Nadar le da hambre. ¿Qué hará?

11

El renacuajo comienza a comer.

El renacuajo come diminutas plantas que crecen bajo el agua. Algunos también comen huevos de rana. ¡Otros hasta comen renacuajos! Al comer, el renacuajo crece.

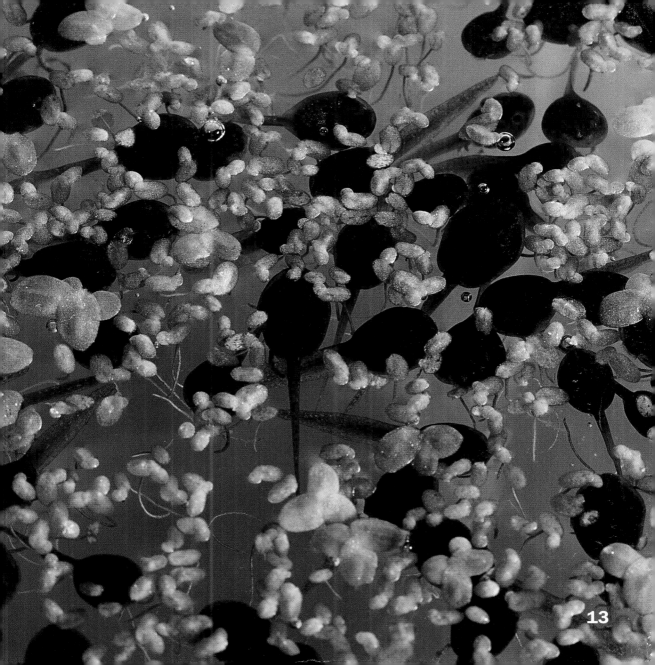

Crecen las patas traseras.

Aparecen dos bultos cerca de la cola del renacuajo. Los bultos crecen y se convierten en las patas traseras. El renacuajo patea para nadar mejor.

Crecen las patas delanteras.

Aparecen otros dos bultos cerca de la cabeza, que se convierten en las patas delanteras. Dentro del cuerpo, comienzan a crecer los **pulmones**. Los pulmones le permiten al renacuajo respirar aire.

El renacuajo sale del agua.

El renacuajo ahora tiene patas para saltar y caminar, y tiene pulmones para respirar aire. Ya puede vivir en la tierra. Sale del agua y se convierte en una **rana joven**.

Se encoge la cola.

La rana joven atrapa insectos para comer en la tierra. Algunas también atrapan su alimento en el agua. La rana joven nada con las patas: ya no necesita la cola para nadar. Lentamente, la cola se encoge.

¡Hola, rana!

La rana joven se convierte en rana adulta cuando pierde la cola. ¡Pasó de renacuajo a rana!